창조문학대표시인선 · 288

나비누이시학

이영지 시집

창조문학사

□ 시인의 말

나비누이시학

*나비*가 눈앞에서 하늘하늘 날면 아름다운 마음이 내 마음에 일어나 날고파집니다. 항상 꽃과 함께 있으면 나비도 향기를 품어 내어 내가 나비가 되는 향기여인이 됩니다. 우리말에 누이를 누부라고도 합니다. 다 같이 폴폴폴 잘 나르는 건강한 누이 누부 *나비누*이시학입니다. 이 시집에서 시 순서 28 수로 시작되는 암시는 이팔청춘을 암시 · 새벽기도라는 특성언어로 하여 하나님을 믿으면 청춘이 되는 시적 어법입니다. 하늘에 올리는 시입니다. 꽃과 나비가 함께 있으면 *나비*에게 더 눈이 가는 묘한 매력을 지닌 *나비*~~

신앙시인의 눈으로 보는 성경의 나비아[1]는 선지자 *나비*아 נָבִיא[2]입니다. 성경은 우리라는 표현을 '누'[(נ · 누) (נוּ · 누)]로 합니다. 이 누는 우리입니다. 우리 말로는 누나입니다. 누나의 특정 의미도 되지만 우리의미가 강합니다. 또 있습니다. 한 부모가

---

1) נָבִיא(나비아:Hebrӑisches unt Aramӑisches Lexikon Leiden E.J. Brill, 1983., 625): Sam[Samaritanische Pentateuch-Text, s.o.1 2e, Würthw(EWürthw, Der. Text d. AT, 1952)].37f.

2) נָבִיא(나비아 · 선지자, 신 13:4, 6; 겔 2:5) : 한국에는 나비야 나비야 이리 날아 오너라 노래가 있다. 이 나비 발음 נביא 나비아 선지자는 늘 이곳저곳 날아다니며 하나님의 일 전하려 나폴나폴 날아다닌다.

낳은 아들딸들은 한 부모 안에서 낳은 자녀들로 오누이 사이가 됩니다. 누이 · 누부 · 누나가 온 누리를 훨훨훨 누빕니다.

따라서 제가 만든 이 시집은 나비누이시학으로 좋은 일이 나에게 그리고 우리에게 겹칠 것임을 확신하는 방법입니다. 이 시집에서 시집 특성상 시가 지니는 시적 표현으로 다소 에로틱성을 띕니다. 사랑의 몸짓으로 표현된 이 시들은 따뜻하게 나폴나폴! 나에게 새벽이 오게 합니다. 아침이 오면 일어나는 *나비누*이가 있습니다. 우리에게 그리고 나에게 닥아 와 온 누리 시가 됩니다.

우리 시는 오묘한 숨쉬기 리듬 3 · 4로 시작하여 4 · 3으로 끝나는 총 수리 43마방진이 있습니다. 이음 조건이 아름답습니다. 사람 생애 곧 저의 아름다운 생애 숨 쉬기를 표현하였습니다. 절대자가 허락한 이 세상에서의 저의 *나비누*이시학은 아침해 꽃으로 훨훨 납니다.

입안에 감도는 달콤한 '나비' 글자는 다른 명사 글자 앞에 붙거나 뒤에 붙어도 글자문법상 빨간 줄이 쳐지지 않습니다. 아름다운 나비 몸으로 사랑하고 좋아하고 그리고 느낌을 가집니다. 진리가 온 우주를 하나로 나폴나폴 납니다.

꽃잎에 앉습니다.
작고 아주 작고 아주 쪼그만 꽃에 앉습니다.
아주 아아주 커다란 꽃에 앉습니다.
*나비누*이시학은 행복덩어리입니다.

이 시집과 관련된 매체는 *나비*박물관과 한국*나비*도감을 참고하였습니다.

2022년 9월 5일 李 英 芝

나비누이시학

이영지 시집

| 차 례 |

나비누이시학
이영지 시집

제 2부 / 산에 들에

나비누이시학

이영지 시집

제 3부 / 푸른 등 나비

나비누이시학
이영지 시집

제 4부 / 아빠나비

제 1부

아침나비

나비천국[1] - 새벽기도 · 2801

어머머
나비천국
나비야 나비야아~
이리 와 이리 날아 오너라 나에게로
어머머 날아오시네 나비천국 어머머

오 온 들 나비천국 *나비*야 나에게 와
날마다 꿈꾸느라 날이면 날마다로
누이가 손을 잡아 준 오늘 정말 좋~다

그래에
내가 정말 날아요 살아있어
오온통 동네방네 그리움 나비천국
난 *나비* 나비야아아 햇빛으로 *날아요*

---

1) 왕자 팔랑 나비 · 왕 팔랑 나비 · 각시 멧 노랑나비 · 왕 오색나비 · 산 호랑나비 · 배추흰나비 · 노랑나비 · 대박나비 · 유리창나비 · 모시나비 · 공작나비 · 은판나비 · 꼬리영주나비 · 홍점알락나비 · 산 제비나비 · 왕자 팔랑 나비 · 부처나비 · 눈 많은 그늘나비 · 작은 멋쟁이나비 · 큰 멋쟁이나비 · 구름표범나비 · 줄 나비 · 왕 오색나비 · 암 끝 표범나비 · 꼬리명주나비 · 공작나비 · 산 제비나비 · 왕자 팔랑 나비 · 큰 줄 흰 나비 · 호랑나비 · 왕 팔랑 나비 · 공작나비.

꿈 등 네발 나비 누[1] – 새벽기도 · 2802

나야 누
누나에요 나비 누
나비누이
나비 누 사뿐사뿐
알리며 오시느라

나비 누 파란높이로 꿈등 네 발 나비 누

1) 모든 나비 중에서 가장 많은 종류 네발 나비. 원래 나비는 곤충의 다리가 일반적으로 여섯이지만 앞 다리가 아주 작아 눈에 잘 띄지 않아 네발다리같이 보이어 네발 다리 나비라 한다. 네발나비과(Nymphalidae) 네발나비아과(Nymphalinae)라 한다. 학명 Polygonia c-aureum (Linnaeus 1758), 분포지역 한반도 인도네시아 중국 타이완 아무르 일본 출현 시기 6~8월 8월~이듬해 5월 연 2~4회.

노랑나비[1]누 – 새벽기도 · 2803

오오 봄
햇
살
춤
이
살아라 노랑나비
희망의 노랑 꿈을 싣느라 노랑나비
간절 절 노랑나비 누 노랑나비
그렇지
그래 봄
샤
알
짜
약
웃누나 노랑나비
그랑께 복이 정말 덩굴채 오메 나에
손을 하늘바라요 노랑나비
오오 봄

---

1) 나래 끝 검은색 테에 노란색 띠가 있다. 암컷은 뒷나래 윗면 중실 에 노란색이 있고 검은색 중심의 노란색 점이 있다.

하늘이라 어디로곤 수직비행 – 새벽기도 · 2804

와아아
하늘이라
쑤
우
욱
날
아
올
라
나래로
하늘바라
바
로
선
더듬이로
한 하늘이라
수
직
비
행 와 와 와

작은 줄 꼬마 팔랑 나비[1)] - 새벽기도 · 2805

정말로
작아야 돼
꽃바람
맞으려면
아아주 작은 줄 꼬마 팔랑 나비
빠알간 나래에다가 흑갈색의
줄 나비

정말로 작은 나비 줄 꼬마 팔랑 나비
팔라앙 팔랑팔랑 나래의 키를 달아
꽃으로
날아오르라
예뻐라 얘
줄 나비

정말로 작은 나비 줄 꼬마 팔랑 나비
수커엇 물 먹으며 암커엇 물 받으며
알 낳아 한겨울 날아 장하구나
줄 나비

---

1) 팔랑나비과에 속한다. 나래 길이 28~31 mm.

호랑나비[1] – 새벽기도 · 2806

쉬이잇 호랑나비[2] 나래로 나가신다
비켜라 여긴 나야 무늬로 알아봐라
팡팡팡 제일이로다 호랑나비 줄무늬

줄무늬 사람의 혀 모양 참 좋구나 짱
손꼽아 우리나라 척! 들고 나가신다
노랑에 검정 빨강과 호랑나비 줄무늬

쉬이잇 몸은 작고 무늬는 아주 커요
여름엔 호랑 팡팡 팡파아 징을 켜는
둥근 알 호랑나비를 건드리면 뿔 세워

빨대로 허물 벗어 가지에 몸을 달고
번데기 되고나서 그러다 내가 되는
낱눈과 입 둘둘 말아 호랑나비 빨대다

쉬이잇 빨대 꽂아 먹는걸 보여줄까
하늘로 비늘가루 날리며 물렀거라
호랑이 닮은 가로줄 호랑나비 *쉬이잇*

---

1) 호랑나비는 850여종이 있다. 수컷이 18200개 암컷 15300개.
2) 8~12cm

내 나비 제일 줄 나비[1]누 - 새벽기도 · 2807

아무리
뭐라 해도
내 누이
나에게서
아아주
그리웁고
누비어
같이 고픈
내 **나비** 제일 줄 **나비**
그리하여
나비 누

1) 아주 흔한 나비: 네발나비과(Nymphalidae) Limenitis helmanni Lederer 1853 한반도 알타이 중국 아무르 우수리 5~6월 7월 하순~8월 연 2회 발생. 특징 무늬와 날개모양에 의한 암수구별은 어렵다. 암컷이 기주식물 잎 뒷면에 한 개씩 산란. 습성 잡목림이 많은 산지의 계곡 산길 가장자리에 사는 아주 흔한 나비. 수컷은 계곡의 습한 곳에 산다.

젤 작은 나비 누 – 새벽기도 · 2808

훗 후웃 절구로도 콩콩콩 볶은 깨를
잴 작은 가슴으로 콩콩콩 사랑 깨를
고향이 **젤 작은 나비** 콩콩 소리 **나비 누**

저어 저 사랑 밑을 두드린 내음새로
사과밭 마당에는 사과가 뒹굴뒹굴
밭이랑 **젤 작은 나비** 폴폴 날아 **나비 누**

어 그냥 그냥그냥 딩굴다 *딩굴딩굴*
먼 산에 뻐꾸기가 들릴 듯 말 듯 말 듯
산소리 **젤 작은 나비** 손들어 준 **나비 누**

지 진짜 산울림을 소리로 읊느라며
산 안고 들릴 듯이 아니면 안 들리듯
가만히 **젤 작은 나비** 아아아아 **나비 누**

훗후웃 들려오는 가슴이 들려오는
가만히 속삭이는 사이로 이름 모를
새들이 **젤 작은 나비** 우으우으 **나비 누**

우린나비 – 새벽기도 · 2809

꽃이라
하오리까

나비라
하오리다

그대와
우린나비
늘 우린
우리나비

우리의
푸르름 안에
우린나비 누이요

나비누님 – 새벽기도 · 2810

나비 누
나비누님 닮으려
두르고도
모자라
나
비
누
님
닮응께
날아가죠
그래야 살 수 있담요 나비누님 나비 누

새벽나비 – 새벽기도 · 2811

일어나
나비고파
그대를 따라가요
해오름 다는 나래
새 벽 의 나 비 고 파
날아요 나비고파서
동터 오름
일어나

나비 누 제비나비[1] – 새벽기도 · 2812

나비 누 제비나비

봄이라 봄에 나는

나비 누 나비 누야

온 겨울 넘어서야

꽃 물고 그대 깃에게

가슴 여는 *나비* 누

나비 누 제비나비

강남에 갔던 제비

나비 누 제비나비

오! 나라 이리 오니라

알록달록 *나비* 누

1) 나비목 호랑나비과 학명 Papilio bianor Cramer 1777 4월 6월 7월 8월에 출현.

어리 세줄 나비[1] - 새벽기도 · 2813

응아아~ 울어쌓네 아아쭈 목소리 짱
그렁께 널 닮아서 목소리 높이누나
아이의 울음 어리로 세줄 나비
나비야

*응아*아 뭘 어쩌랴 그렇게 우는 거야
강으로 헤엄치며 알리는 응아~
아이의 울음 어리로 세줄 나비
나비야

---

1) 환경부 지정 '반출 금지 종 나비': 1급 : 상제나비- 이하 '나비' 글자 생략, 산 굴뚝: 2급: 붉은 점 모시 · 쌍 꼬리 부전 · 깊은 산 부전 · 왕 은점표범 · 3급 : 꼬리명주 · 남방남색부전 · 남방남색 꼬리부전 · 남방녹색부전 · 작은 녹색부전 · 우리녹색부전 · 검정녹색부전 · 북방까마귀부전 · 극남부전 · 회령 푸른 부전 · 큰 주홍 부전 · 큰 홍띠 점박이 푸른 부전 · 산 꼬마부전 · 산 부전 · 큰 점박이 푸른 부전 · 고운 박이 푸른 부전 · 북 방점 박이 푸른 부전 · 봄 어리 표범 · 여름 어리표범 · 담색 어리표범 · 금빛어리표범 · 작은 은점 선 표범 · 산 꼬마표범 · 은점표범 · 큰 표범 제일 줄 · 어리세줄 · 홍줄 수노랑 · 밤 오색 · 오색 · 왕 오색 · 유리창 · 홍점알락 · 대왕 시골처녀 · 봄 처녀 · 큰 수리 팔랑 · 은 줄 팔랑.

어디야 나비누부누나_ 새벽기도 · 2814

어디야 나비누부
디야 디 어디이야
여기야 나비누나
여기야 이리와라

마음을 녹이 누나
나비누부
어디야

하늘하늘 팔랑팔랑 나비[1] – 새벽기도 · 2815

나비 누 팔팔랑랑
하늘을 날으시네

나비 누 내게 오려
하늘이 열리시네

오호라
오 하늘하늘 팔랑팔랑 나비 누

---

1) 팔랑팔랑 나비 종류: 왕자 팔랑 나비 · 멧 팔랑 나비 · 왕 팔랑 나비 · 줄 꼬마 팔랑 나비 · 검은 테 떠들썩 팔랑 나비 · 수풀 꼬마 팔랑 나비 · 푸른 큰 수리 팔랑 나비 · 유리창 떠들썩 팔랑 나비 · 파리 팔랑 나비 · 수풀 떠들썩 팔랑 나비 · 수풀 알락 팔랑 나비 · 줄 점 팔랑 나비 · 참 알락 팔랑 나비 · 산 줄 점 팔랑 나비 · 돈 무늬 팔랑 나비 · 황 알락 팔랑 나비 · 꽂 팔랑 나비 · 흰점 팔랑 나비 · 지리산 팔랑 나비 · 꼬마 흰점 팔랑 나비 · 은줄 팔랑 나비 · 대왕 팔랑 나비.

볼 붉은 나비누이누부 - 새벽기도 · 2816

누부야 내 누부야
누이가 빛이시네
볼 붉을 ***나비*** 누이
눈 녹듯 사랑 태울

볼 붉을 ***나비*** 누이 누
그대정말

누부 샤

나비 강에 나비 누 – 새벽기도 · 2818

어얼싸 나비 강에
사랑 배
나비 누이

꽃
빛에 **나비** 일렁
햇
물에
나비 일렁

어얼싸 나비 강에는
나는 **나비**[1)]
어얼싸

---

1) 나비는 몸이 파괴되기 쉽기 때문에 더구나 죽으면 부서지기 때문에 슬픈 사랑이야기로 전해진다. 그러나 포유동물기원과 같은 시기15000-2억 년 전 부터 있었던 것으로 전해진다. -남해나비생태공원-. 이처럼 가장 연약한 것이 가장 오래된 역사를 가진다.

나비누 나비누이누부 – 새벽기도 · 2819

나비누 나비누이

사랑을 물에 풀어
사랑 랑 해에 담아
오로지 널리 펴는

온 누리 사랑 랑 나비누이 누부 나비누

오실나비 – 새벽기도 · 2820

날아서 오실나비
물 밤을 주시려고
물빛에 오실나비 하늘로 오실 나비
날아서 오실나비님 이리 오실
날아서

흰 구름나비노라 – 새벽기도 · 2821

두둥실 하늘하늘 흰 구름나비노라
하얗게 엎드리는 사슴이 나비노라
흰 구름 나비 누노라
누우노라
두둥실

하얀 나래 나비 누 - 새벽기도 · 2822

나비 누 하얀 나래 나비 누
하얀 양이

두둥실 하얀 나래 나비 누
여기저기

두둥실 하얀 몰이 몰
하얀 나래
나비 누

한 뭉치 하얀 나비[1] 누부누비 – 새벽기도 · 2823

누비며

하얀 나비

이리로 하얀 뭉치

한 뭉치 하얀 누비

희망의 뭉치나비

누비는 하얀 나비 누

우린 이제

누비며

누비며

하얀 나비

누부야 내 누이야 한 뭉치 하얀 나비

드 나는 우리누이 누이야 하얀 나비네

날로날로

누비며

---

1) 학명 : Aporia crataegi (Linnaeus 1919) 흰나비과 상제나비. 중국북부 이베리아 강원도 동북부 강원도지역 분포. 앞나래의 길이는 약 3.5cm정도. 몸은 검은색이고 백색 털로 덮여 있다. 산기슭 관목림 숲 차가운 기후대의 관목림에 살며 애벌레는 사과나무 살구나무 등의 과수의 잎을 먹는다. 멸종 위기의 I급 동물(35) 곤충류.

꿀 먹은 나비 – 새벽기도 · 2824

좋응께
꿀 먹응께
나비는 꽃 꿀 꿀 떡
먹응께 움마 좋아
꿀 먹은 나비잉께
좋응께
나비잉께요
꿀 먹응께
좋응께

왕자 팔랑 나비 – 새벽기도 · 2825

왕자님
팔랑 나비 1년에 두 번 나는
5월로 9월이면 마음껏 팔랑거릴
꿀 먹고 난 다음 왕자 팔랑 나비
님

님이라
치마 잎을 살짜악 덮어버릴
잎으로 가장자리 덮어서 애벌레 겨울나는
꿀 먹고 그런 다음에 팔랑 나비
님이라

그렁
께
우리라며 왕자가 되시느라
바람이 에두르자 팔라앙 팔랑팔랑
꿀 먹고 난 다음 왕자 팔랑
그렁
께

사랑 향 사향 비 나비1) - 새벽기도 · 2826

이이랑

먹고 나랴 우리는 사향*나비*

주황의 향을 찍어 등에다 뿌려주랴

사랑 향 사향 비 나비

팍 그리움

이이랑

이이랑

빰 맞추랴

노랗게 그려보랴

칡덩굴 남보라 꽃 향으로 흩뿌리랴

사랑 향 사향 비 나비

어디만큼

이이랑

이이랑

바람이랑

번데기 이 하나로

---

1) 호랑나비과(Papilionidae) 학명 Byasa alcinous (Klug 1836) 한반도(제주도 울릉도 제외)와 중국 타이완 연해주 일본에 5~6월과 7~9월 연 2회 발생.

나비 향
반달 들랴
우리의 금수강산
사랑 향 사향 비 나비
낮에 날아
이이랑

제 2부

요렇게 좋을 줄이야

요렇게 좋을 멧팔랑 나비[1] – 새벽기도 · 2827

요렇게 좋을 거랑 서로들 좋을 거랑
이 나랑 그이랑 랑 낭랑이 하늘 빛 랑
요렇게 좋을 멧팔랑
나비 누랑
요렇게
산길의
바닥에다 암커엇 어린 잎 랑
엉겅퀴 줄 딸기의 꽃이랑 먹어댈 멍
요렇게 좋을 멧팔랑
나비 누랑
우리랑
요렇게 떡갈나무 왜 그리 작을라 꼥
암커엇 앞날 위에 노랗고 하얗느랑
요렇게 좋을 멧팔랑
나비 누랑
우리랑

---

1) 팔랑나비과(Hesperiidae) 흰점팔랑나비아과(Pyrginae) 학명 Erynnis montanus (Bremer 1861) 한반도 중국 아무르 일본에 분포 한반도 4~5월 수원 강원 경기 전남 연 1회 발생.

범나비 호랑나비 척1) – 새벽기도 · 2828

범 버업 호랑나비 척 나래 날기 처억
나래의 꼬리에다 노랗고 빨강 달 척
범나비 호랑나비 척 불러불러
범 버업

범 버업 줄기에 척 둥근 알 *호랑 나* 척
산에 척 들에 처억 꿀 찾아 드나들 척
범나비 호랑나비 척 허물 처억
범 버업

파랗고 빨강다고 줄무늬 세로 처억
이른 봄 푸르다고 가로줄 척 처어억
범나비 호랑나비 척 봄이라 척
범 버업

1) 약 8~12cm 호랑나비 · 산 호랑나비 · 이른 봄 애호랑 나비 등이 많고 전 세계에 850여 종의 호랑나비가 알려져 있다.

각시 멧 노랑나비[1] – 새벽기도 · 2829

야 어디 있냐니께
어디야
요기이냐
아유야 수줍어해 새 색씨 연곤지야
야 어디 있냐 각시 멧 노랑나비누이
훨훨 나냐
야 어디

야 어디 있냐니께
위쪽에 아래쪽에
요리야 아니 저리 저리야 아니야 이리이리
야 어디 있냐 각시 멧 노랑나비
위쪽에야 야 어디

야 어디 있냐니께 앉아 야 따라와 야
수컷 야 습기 있는 땅바닥 나뭇재야
야 어디 각시 멧 노랑나비 수줍기야 야 어디

---

1) 각시멧노랑나비는 산기슭의 숲에 햇빛이 잘 드는 곳에서 활동한다. 엉겅퀴 개망초 등의 꽃에 초가을부터 흡밀한다. 수컷은 습기 있는 땅바닥과 나뭇재에 잘 앉는다. 월동한 암컷은 봄에 식수의 새 잎이나 줄기에 한 개씩 산란한다.

애호랑 나비1)

– 새벽기도 · 2830

애호랑 나비덩이 닮았네 누랑 나랑
아무와 누구와 농 말라 야 암컷이랑
닮았네 애호랑 나비 내 것잉께 닮았네

애호랑 나비덩이 닮았네 누이나비
우리의 한 삶이랑 손잡아 지내느라
닮았네 애호랑 나비 꽃 덩잉께 닮았네

닮았네 애호나비 덩덩이 4월 초순
오로지 낮은 땅 올 휘돌아 5월 하늘
닮았네 애호랑 나비 꽃 덩잉께 닮았네

---

1) 교미 후 수컷이 암컷의 배 끝을 덮는 수컷의 분비물로 암컷은 교미가 불가능하게 한다는 신비한 모시나비류 애호랑나비. 호랑나비과(Papilionidae) > 모시나비아과(Parnassiinae) 학명 Luehdorfia puziloi(Erschoff, 1872) 애호랑나비는 한반도(제주도 제외), 중국 중부, 극동 아시아, 일본.

나른해 나비 해야 들 – 새벽기도 · 2831

나른해 코 벌 벌름
그냥 들
꽃빛에 들
엉덩이 둘러대 들
봄이라 중이라 들
나른해 나비 해야 들 구름마저 나른해

새파란 깊이 나 해야 나비 야 해 – 새벽기도 · 2832

나 해야 나비 야 해 *꽃이라* 해*야* *야*해
고개*야* 들이밀 해
인사*야* 해 *야*해 *야*
꽃시*야* *나비*해 *야*
새파란 깊이 나 해*야* **나비 야**해
물이*야* ~

점점이 꼬리명주 나[1] - 새벽기도 · 2833

점점이 꼬리명주
나 한 점 찍어 놓은
사랑 비 이렇게나 점점이 내리는 날
점점이 꼬리명주 나 점박이인 나비야

나비야 꼬리명주
수컷은 노란 나비
노랑 띠 매달고서 논과 밭 비비나비
점점이 꼬리명주 나 얇은 꽃비 나비야

나비야 꼬리명주
뒷면에 오~육십 개
나비야 한꺼번에 달라진 나비꼬리
점점이 꼬리명주 나 그렇걸랑 나비야

---

1) 나비목의 호랑나비과 학명 Sericinus montela Gray 1852로 4월 5월 6월 8월 9월 출현. 무늬 변이 심하다. 수컷은 노란 바탕에 검은 무늬 암컷은 흑갈색 바탕에 담황색 무늬가 있다.

오 옳지 사랑단골나비_ 새벽기도 · 2834

탱그을 **사랑단골나비** 꿀 우리나라
온 몸이 단군**지킴 나** 한창 사랑 익고
꽃 덩이 딩글딩그을 **사랑지킴 탱그을**

코 길이 끼리끼리 나비 - 새벽기도 · 2834

어얼싸 끼리끼리 코 길이 끼리 나비
코 길이 끼리 나비
반쯤은 다 꽃길이
코 꿰는 사랑 꿈으로 나비끼리
어얼싸

꽃 품 나 아 비 – 새벽기도 · 2835

나 아 비 꽃 *아래* 꽃 품의 꽃 나비 아나
꽃 아래 착 붙어서
재 봐도 딩그르 나
벌러엉 자빠져도 비
나비 누부
나 아 비

음 엄마나비 - 새벽기도 · 2836

음 엄마나비내야
콧구멍 벌름벌름
음 엄마 엄마 나비
으으음 뭐라 켔노
음 엄마 엄마나비내 뭐라켔노 음 엄마

빨리 와 나비 누야 – 새벽기도 · 2837

빨리 와 나비 누야
너 예 와
기대 봐 와
이제 곧 아주우 와
재빨리 달리셔 와
빨리 와 나비 누야 와 나비 누야 빨리 와

사랑해 나비야 크 _ 새벽기도 · 2838

사랑해 나비야 크
사랑해 크렴크렴
고개를 젖히고 크
두 눈을 맞추고 크
사랑해 나비야 몰라? 몰라도 돼 사랑 크

똑 같애 나비 얘 – 새벽기도 · 2839

똑 같애 나비야 얘
너의 귀 똑 같애 야
눈망울 동그동그 동글이 담아가며
어느 것 하나 하 같애 *나비* 같애 똑 같애

나비 얘
오물 오물
같애 얘
*나비*누이
같애 얘
사이에
우리 둘 요롷고롬
같애 얘 휙 당겨 오는 *나비*사랑 *나비*야

초록 나비 – 새벽기도 · 2840

나폴 나~ 나비 날아
풀잎에 포올포올
들꽃에 팔랑팔랑
나에게 매일 오실
늘 만날 초록나비
눈 맞춤 초록평화 나
나비초록 나폴 나

몽롱나비누부야 – 새벽기도 · 2841

몽롱이 나비누부
알 놓아 몽롱나비 크느라 새순 나비 아침에 나비 나네
몽롱이 나비누비야
빙글빙글
돌아라
날아라
나비누부 애벌레 벗어나라
아직도 몽롱누부 그러엄 느릿느릿
걸어라 나비누부야 날아오라 나비 누

한국 여인 하얀 나비누이 _ 새벽기도 · 2842

누이야
나를 불러
*누이*에 내가 왔지
진회색 기와지붕 추녀 끝 선 하얀색
여인이 하얀 나비 누 문안에 선
나비야
누이야
왜 하얀색
그렇지 뽀얀 얼굴
사랑 넌 짙디짙은 하늘색
파란 하늘 아래의
여인이 하얀 나비 누 나폴나폴
나비야
누이야
*하*늘 펼쳐
진회색 기왓장의
아래에 하얀 추녀
아래에 기둥 안에
나의 너 하얀 나비 누
내 안에 선

나비야

누이야

흰 돌계단 아래에

흰 흙색의

마당에 나무대문

늘 열려 높은 문안

순결한 하얀 *나비* 누 보선발로

나비야

누이야

고무신을 신으렴 오냐오냐

마당의 가운데로 사뿐히 즈려밟은

여인은 하얀 *나비* 누 흰 새 나폴

나비야

누이야

하야얀 나무색의 걸음을 떼놓으며

하아얀 이마위에 송그을 땀 없어 논

누부야 하얀 *나비* 누 걸어오는

나비야

바둑돌부전나비누비누부 - 새벽기도 · 2843

누부야 부전나비 바둑돌 누비느라
대나무 조릿대에 붙어서 날마다를
먹어야
날아다녀 야
자라나야
누비야

허물벗기 돼 – 새벽기도 · 2845

나비 돼
허물벗기 시작해 그래야 돼
처음을 시작으로 네 번을 벗어야 돼
나비야 허물벗기 돼 요롱코롬 *나비*돼

*나비*돼
그리 될 때 크기만 하여야 돼
무어든 요롱고름 벗어서 무늬가 돼
나비야 허물벗기 돼 그래야 돼
*나비*돼

안의 아내나비누이 – 새벽기도 · 2846

내안의 아내나비
이안의 아내누이
젤 좋은 여기에로 와라 와 나의 안에
배의 끝 식물 가지나 잎에 붙는
내안의

내안의
아내나비 허리
실 둘러 머리 들려
내 안의 아내 들려 나아폴 나의 안에
살아나 그럼 그러엄 아내안의
내안의

이리로 저리로 로 나비로 – 새벽기도 · 2847

이리로 저리로 로 나비로 하늘하늘
이리로 저리로 로 나비로 팔랑팔랑
몸에 든 요철돌기 로
뿔 돌기 로
나비 로

나비로_ 새벽기도 · 2848

나비로 나르시면 나비로 오실 길 로
나비로 날레날레 나비로 오신 길 로
들어서 자리 잡으심 배의 끝이 나비로

작디작지 접박이[1] – 새벽기도 · 2849

고웁지 작디작지
접박이
풀 푸르게
펴놓은
풀잎부터 앉으며 파아레요
꿈 펴서 제일
고웁지 작디작지
접박이
고웁지 작디작지 접박이
늦여름과
초가을
누이이랑 하늘에 오르시는
점무늬 아주 고웁디 작디작지
접박이

1) 부전나비과(Lycaenidae) > 부전나비아과(Polyommatinae) 학명 : Maculinea teleius(Bergsträsser 1779) 경기도 강원도 경상도 유라시아 출현시기 : 8월 초순~9월 〈연 1회 발생〉 나래 2~4cm 작은 나비. 부전나비는 전 세계 3000여 종 수컷은 자 청색 암컷은 흑갈색 암수 모두 가장자리에 검정색 띠무늬. 나래의 뒷면은 회백색 바탕에 검정색 점무늬가 흩어져 있으며 가장자리에 주황색 띠무늬. 1년에 1회 발생. 한국 · 중국 · 일본 · 사할린 · 시베리아 · 유럽 등.

뿔나비 뿔나 – 새벽기도 · 2850

뿔나비 뿔 드시네
그래서 알아봐요
뿔나비
날아오심
뿔나비 제일 크게
뿔 돌기 요철돌기로 훨훨 나는 뿔나비

뿔 들고 오시느라
뿔나비 제일 크셔 불 재고
나시느라
뿔나비 뿔이 커요
뿔 들고 요철돌기로 나비 폴폴
뿔나비

엄마 품 11 나비 - 새벽기도 · 2851

이라 차
두 다리로 **엄마 품 11 나비**
안에서 자라나는 **엄마 품11 나비**

날아라 **엄마 품 나비**
열한나비
이라 차

엄마 품 열두 나비 - 새벽기도 · 2852

엄마 품 열두 나비
새하얀 빛을 먹어 오르며
나~폴~나~폴
엄마 품 열두 나비
엄마 품 열두 나비가 나~폴~나~폴
엄마 품

열대어고기나비 – 새벽기도 · 2853

어얼싸
풀 푸르러 **열대어고기나비**
물속을
제 집인 냥
눈
뜨고
고기나비
*나비*야
얼싸 어얼싸
*나비*고기
어얼싸

153 나비고기 – 새벽기도 · 2854

우리는 몇 마리지
153 나비누비
153 나비고기
나아폴 날아와라
나비야
153 나비
나비누비
우리는

요리도 좋아요 나비 _ 새벽기도 · 2855

요리도 좋아요 고롷큼 좋으셔요
요리도 기쁘나요 그랗께 좋으셔요
요렇게 날마다를 요처럼 사시나요
나르셔 행복하신 걸 날마다가
요리도

그랑께 줄무늬나비 – 새벽기도 · 2856

그랑께
줄무늬로 한곳만 본답니다
푸른 물 깃을 다는 줄무늬나비누부
꼬리로 줄무늬나비 물무늬로
그랑께

제 3부

초록 등 나비

기쁨 등 나르느라 초록 등 나비 – 새벽기도 · 2857

기쁨 등
나르느라
초록 등 나비나라
닐리리 초록나비
에헤야 나를 나비
웃음 등 나를 나비
초록 등 나비 닐리리
우리나라
기쁨 등

나비 뿡- 새벽기도 · 2858

나비 뿡
나릅니다 입으로 들이밀어
햇빛을 뾰뿡뾰뿡 물 위로 나는 나비
사랑을 *나비* 나올로 요리 뿡뿡
나비 뿡
나비 뿡 나릅니다
나비입 뾰뿡뾰뿡
햇님을 따라 나올 즈음에 먹어대는[1)]
사랑만 박고 나서야 이리 뾰뿡
나비 뿡

---

1) 이 세상의 생물들 살아남기의 원초적인 신비로움은 꽃과 나비의 긴밀성이다. 나비로 인하여서만 흡밀 식물이 알려지는 일이다. 입에서 실을 토해 번데기 중간을 둘러쳐 물체에 고정하는 네발나비과 들이 복부 끝을 물체에 고정한 후 머리 부분을 밑으로 해서 흡밀 식물이 된다.

보석나비 누 – 새벽기도 · 2859

나비누 보석누님
니나 누 닐리리야
닐니리 나포오올
생긋이 웃음보로
어여뻐 어얼 싸 좋아
나비누부
나비누

갑사댕기 나비누부 – 새벽기도 · 2860

포르르
갑사댕기
나비는 나비누부
어여쁜 연지 곤지 찰랑 차 갑사댕기
누부야 머릿결 아래 처녀댕기
포르르

강물누비 나비누부 - 새벽기도 · 2861

어여쁜 춘향이의
입
술
요
열두 누비
사랑 코 뽀르뽀르 맞춤
요
달콤 **나비**

어헐싸
우리 하늘로
강물누비 나비요

이리로 날아오셔 이리 요 **강물누비나비로** 누리누비
이리로 이리**누비**
나비 요 이리 오시는
강물누비
나비요

나 나비 내 나비 내 누부 – 새벽기도 · 2862

나 나비
나비누부
내 나비
나의 누부
내 누부
나비누부
날아라 나의 누부
내 나비 누부 내 누이 나의 나비
가슴이
햇살이
나의 *나비*
창가의
나의
누부
이대로 햇살 따라 그냥앙 누비
누부
아침이 문을 열어 놔 나의 누부
햇살이

하늘동화 나비 – 새벽기도 · 2863

와아아~
분수로 로 솟아나 **하늘동화**
들녘이 푸르러 로 보고픔 하늘로 로
사랑이
하늘동화로 나비
로 로
와아아~
와아아~
이랑에는 자운영 돋아나 로
어머니 가슴으로 보고픔 팔 팡 팔 랑
누이의 **하늘동화로 나비**
누나
와아아~

나비 누 – 새벽기도 · 2864

나비 누
3월 *나비*
발끝에
찰랑찰랑
물 위에
나 폴 나폴
맨발의 건너뛰기로 찰랑 찰 랑
나비 누
나비 누
은빛으로
새 위에
물 위에
필랑 말랑
피리를 불어주어요 울울렁렁
나비 누

허리춤 이대로 나비고 – 새벽기도 · 2865

*누부*야 강이고요 *누부*야 몸이고요
한낮의 땡볕이고 허리춤 흐름이고
허리춤 이대로 나비
내 누부의 *나비*고

누부야 적시라고 물가의 누부라고
바람의 낱알마다 늘 누부 잘 되라고
허리춤 이대로 나비
낮이고 낮 *나비*고

은 나비 이죠 은 나비 – 새벽기도 · 2866

은 나비
달빛 이죠
강물의 유혹 이죠
나비가 누이 이죠
물살의 사슴 이죠
은 나비
은 나비 이죠 발 담구는 은 *나비*

은 나비 날아다닐
은 나비 하늘 이죠
우리는 *나비* 이죠
나래로 둥둥 이죠
은 나비
은 나비 이죠
비단구름
은 이죠

물살반지 나비누 이누부 – 새벽기도 · 2867

내 반지나비누이
내 나비반지누부
반지의 언약누이
물살의 사랑누부
나래로 물살반지의 나비누부 *내 반지*

내 반지 그대이랑
내 이랑 그대이랑
감기는 꽃잎 강에
꽃잎이 나비누부
누이의
물살반지의 나비누이 *내 반지*

거 울 나비 리움 - 새벽기도 · 2868

거 울 나비 리움
나비 누 거울 리움
이리로 나비 리움
빙 돌아 *나비* 리움
거 울
물구나무선 *나비* 리움
거 울

거 울 나비 리움
나비요 *나비* 리움
꽃다지 봄꽃 리움
거 울 나비 리움
나 비
내 거울 리움에
나비 비잉
리움

이 사이 우리나비 – 새벽기도 · 2869

이 사이 우리나비

*나비*네
나포오올 이 **사이 우리나비**
마음 들 살랑살랑
사랑 팍 드신 분이라 우리 **나비 이 사이**

이 사이 우리나비

꽃신을 신었나 네
사랑을 들었나 네 그래서 나 네 나비
그래요 그러 라죠 뭐 **우리나비 우리 이**

묘약 보 나비 네 – 새벽기도 · 2870

나비 네 웃느라고
철철이 웃느라고 녹이 네 그러라고
나비 나 비실비실
비실이 사랑묘약 보 나비 네에 나비네

나비 네 웃더라도 그리움 돋아나면
요 자리 요대로요
나비 네
그대로로
사슴의 사랑묘약 보 나비 네에 나비네

나비 네 웃다가도 어리는 요맘때네
향기로 유월 오는 달콤한 디딤돌에
사랑이 사랑묘약 보 나비 네에 나비네

몽롱 나비 - 새벽기도 · 2871

몽
롱
몽
몽롱 **누이**
나비로 살랑살랑
몽롱 몽 푸른 바다
햇살 랑 살랑살랑
몽롱 랑 건지는 길은
몽롱 **나비**
몽
롱
몽
몽롱해 뜨나 봐요
사랑 탓 몽롱 **나비**
밝은 해 푸른 바다
꼬리로 살랑살랑 둘 두리 둘둘 높이 롱
몽롱 **나비** 몽롱 롱

나비죠 꽃잎 뭐죠 – 새벽기도 · 2872

나비죠 꽃잎 뭐죠
사랑 뭐 강물 뭐죠
강물 뭐 흐름 뭐죠
누비 뭐 꽃잎 뭐죠
하루의 나비 꽃 뭐죠 뭐 바다는
나비죠
나비죠 *꽃잎* 뭐죠
사랑 뭐 바다 뭐죠
바다 뭐 흘러 뭐죠
나비 뭐 누부 뭐죠
바다의 나비 꽃 뭐죠 뭐 바다뭐
나비죠

묘약오뉴웚삽사나비누누나 – 새벽기도 · 2873

나비 누
갈비 꺼낸
아담이
깊디깊은
잠으로 만나지는
평생의 잠 길이라
밤 내내 묘약오뉴웚삽사나비누누나

나비 누 이브 되다
이브의 날마다가
아담을 만나지는
밤들이 깊은 나날
낮 내내 묘약오뉴웚삽사나비누누나

묘약옷고름 – 새벽기도 · 2874

아리랑 옷고름은
단정히 메는 데요
봄날의 꽃잎 메요
온 날에 다소곳 메
여인의 **묘약옷고름 나비**나날 아리랑

꽃단장 옷고름은
마음을 살짝 메요
든 날에 꽃잎 메요
다소곳 메는데요
날의 날 **묘약옷고름 나비**나래 아리랑

아리랑 사랑 메요
사십일 견딤 메요
이브의 물살 메요
사십일 견딤 메요
그대의 **묘약옷고름 나비**나라 아리랑

나비피리 – 새벽기도 · 2875

나비 누 불어줘요
가슴의 나비피리
나비로 울려주면
필리리 그리움이
나비 누 그리움강가 필리리리 나비 누

나비 누 불어줘요
가슴이 메어지듯
봄빛이 따라오는
필리리 나비피리
나비 누 그리움덩이 필리리리 나비 누

나비 누 나비피리
머리며 마음이며 발밑에 향유 날린
난 피리 나비피리
나비 누 청사초롱이
아른아른
나비 누

사랑 씨 서정시 나비 씨_ 새벽기도 · 2876

사랑 씨 푸르네요
푸르네 서정시가
나비 씨 푸르네요
푸르네 누이 씨가
바라 씨 서정시네요 나비누이 누비네

사랑 씨 푸르네요
푸르네 날마다가
꿈 다발 푸르네요
푸르네 노래 소리
바다 씨 서정시네요 나비누이 누비네

사랑 약 나비 – 새벽기도 · 2877

왔소오
피리불어
사랑 약 잔뜩 바른 사랑 약 나비 날에
강이랑 **나비** 이랑
사랑 약 피리소리 나비 이랑
왔소오

* 지금도 일본 백제거리에는 왔소오 행사가 행해진다고 한다.

겨드랑나비넓이너비 – 새벽기도 · 2878

겨드랑 고을에는
간질일 그 때마다
바다의 등줄기로 발목이 바로서는
콩닥콩
사랑겨드랑나비넓이나비 날

겨드랑
덩이에요
간지럼 덩이마다
별빛 땀 한 줄기가 등줄기 타고 오는
더엉덩
사랑겨드랑나비넓이나비 날

성 도령 사랑 향 나비 – 새벽기도 · 2879

성 도령
나비향이
아리랑 아라리요
고개를 넘느라 로 아리랑 아라리요
성 도령 사랑 향 일렁 출렁출렁
성 도령
성 도령
일렁 나비
아리랑 아라리요
아리랑 아 아리랑 나비야 아라리요
성 도령 사랑 향 일렁 요리조리
성 도령

조약돌 나비 – 새벽기도 · 2880

조약돌
이대로가 나비이네
들이대 딱 붙이면
따스해 이렁이렁 하루가
그렁그렁 물기의
사랑조약돌 햇빛 받은
조약돌
언약 돌
햇빛 받은 나비로 빨리 잉 빨랑빨랑
아련히 들려오는 귓가는
달랑달랑
한 여름
사랑조약돌 딱 붙이며
언약 돌

나비야 노아 배 얼마만큼 - 새벽기도 · 2881

나비야

만드느라 나비야 노아 야아
강물로 사랑 배 배 만드냐 얼마만큼
노아 배
얼마만큼 얼마만큼야 얼마만큼
사랑 배
노아 배
만드는 중 노아 배 두리당실
강 위에 얼마만큼 노아 배 얼마만큼
사랑 배 얼마만큼야 얼마만큼
노아 배

봄이 와요와 나비 – 새벽기도 · 2882

한 계단 건너뛰며
와요
와
그대 불빛
화안이 진달래
꽃
안기며
와요
와요
봄이 와요와 나비와요
와아요

한번을 더 오르면
와요
와
그대 바람
수줍은 아지랑이 눈앞에
와 요 와요
이리로 **봄이 와요와 나비**와요
와요와

춘향이 그네에로
와요
와
이 도령이
넘어요
봄 향기가 보고파
와요와 요
사랑이
봄이 와요와 나비
와요
와아
요

정말진정 나비_ 새벽기도 · 2883

네 진정 정말진정 눈빛은 나를 깊이
젖게 해 새하얗게 봄옷을 아련히 해
입으려 네 진정정말 정말진정
나비야
네 진정
정말진정 옥빛의 가슴 바다
푸르셔 동백꽃이 되시곤 봄에 입는
꿈 옷을 입느라고요 정말진정
나비야
네 진정
정말진정 봄비의 징검다리
놓으신 다음에도 봄이 핀 편지 한 장
내 가슴 휘감으시며 손짓웃음
나비야
네 진정
정말진정 초록빛 물비늘로
풀 푸른 햇빛 불러 하늘로 솟구치는
봄빛이 익어 가느라 햇볕마당
나비야

나비[1]하늘 - 새벽기도 · 2884

나비야
나비하늘나비는 늘 나에게
나래로 말씀해요
아침의 나비하늘
나비도 날 돌아보며
물들여진
나비야

1) 나풀나풀 날아다닌다는 뜻에서 나비라는 이름이 주어졌다. 전국시장에 2만종이 있으며 한국산으로는 150여종이 있다.

제 4부

아빠나비

나비당신 켜 나비 – 새벽기도 · 2885

늘 이런 나비당신
켜 나비

강물에서
당신이 등불 혀 샤 벌판을 걸어 혀 샤
기쁨이 뭉게뭉게 활 말씀 혀 샤
혀 나비

이렇듯
나비당신
혀 나비

꽃송이 샤
등불의 잔기침을 울리는 꽃길 혀 샤
활 활 활 얼얼 상사 디 말씀 혀 샤 혀 나비

아빠 나비 - 새벽기도 · 2886

그대는 아빠 나비
누이의 알맹이지
별 동동 빛이 되지
나래의 무지개지
아빠는 기다림 아빠
나비하늘
나비지
아빠는
기다림의
꽃잎에 피어나지
늘 여기 사노라는
누부의 알맹이지
아빠는
기다림 나비
여긴 나비
나비지

꽃길나비 - 새벽기도 · 2887

꽃길의 나비라뇨
강물이 꽃길나비 은사시 물이라뇨
찰라앙 물이라뇨
꽃길의 나비라뇨오
황금빛의
꽃길의
이 길의
나비라뇨
햇무리 꽃길나비
은방울 물이라뇨
해 송이 알이라뇨
꽃길의 나비라뇨오 물의 속살
이 길의

바람이랑 나비이랑 - 새벽기도 · 2888

나비 춤
바람이랑
이랑의 나비춤이
들이댄
이 안에서
나비 춤
하루해가
나비 춤
바람이랑이
나비이랑
나비 춤

하늘지팡이 나비 – 새벽기도 · 2889

오 하늘지팡이네 나비 손
해 지팡이
발에도
온 몸에도
얼굴도
해 지팡이
하늘 오 하늘지팡이나비바람
오 하늘

항아리나비누이 – 새벽기도 · 2890

항아리나비누이
항아리나비누이
풀밭은
항아리나비 들판
줄줄이
바람 잠재운 나비비행
나비 누

하 느을 나그네나비 – 새벽기도 · 2891

하 느을 나그네다
나비의 두레박에
물수레 들어오는
깊음의 소리오는
하 느을 나그네나비
나그네 누 나비다

하 느을 나비이다
나비를 봄에 보자
그 분의
봇짐오자
하 느을 나비이다
하 느을 나그네 나비
나그네다
나비다

옥색고무신 나비누이 벽기도 · 2892

고무신피리나비
물위 늘 나폴 나폴
하늘 늘 훨훨 훠얼
가슴이 피리나비
은피리피리나비
피리나비
나비 누
고무신피리나비
나비 늘 피리나비
사이 늘 피리나비
은피리피리나비
나비 늘 옥색고무신
피리나비
나비 누

강물편지나비 – 새벽기도 · 2893

하 느을 강물편지나비지
흐르면서
전하며 산 이야기
하 느을 강물편지나비는
시내 산에
사느라
하 느을 강물나비편지
나비지
하 느을
강물편지나비는 나비지기
이야기 그래그래 나비로
시내 산에
나느라
하 느을 강물나비편지
나비지
하 느을
강물편지나비는 긴급신호
콩콩콩 적혀있는 다발로 시내 산에
훨훨훨 하 느을 강물편지나비
나비지

아빠눈물*나비* - 새벽기도 · 2894

아빠 늘 눈물*나비*
들판 들 물 뿌리며
가슴 가 그림자로
사랑 사 손을 잡은
아빠 늘 눈물*나비*물
노래강가
나비

늘
늘 아빠 늘
눈물*나비*
물 위 물 나서면 늘
물살 늘 견디기 늘
손 짚어 일내기 늘
고개 늘 강물 깊이 늘 그 위에 늘
나비

늘

아빠가슴나비 – 새벽기도 · 2895

아빠의 가슴나비 늘 그런 손수건에
손수건 그 안에 늘 별님의 부스러기
한 방울 아빠의 가슴나비눈물
나비야

약속어음 나비_ 새벽기도 · 2894

열두 번 약속어음
나비는
이름이 늘
늘 눈꽃 늘 불빛 늘
늘 기도 하늘에 늘
열두 번 약속어음 나
눈앞 나비
나비 비

열두 번 약속어음
나비 늘 눈 들어 늘
금빛 늘 바다 물 늘 뿌리는 약속어음
열두 번 약속어음 늘
나비 늘 나
나비 비

목숨온도 나비 – 새벽기도 · 2895

한 생애 그리운 강 나비의 온도에는
손짓한 불꽃 끝을 한숨에 사랑해줄
사랑의 목숨온도가 펄펄펴얼
나비의

나비시나요 나비님 – 새벽기도 · 2896

나래로 날리나요 나비님 나시나요
피리로 나시나요 나비님 여시나요
무궁화 나비시나요 더엉 딩딩
나비님

*옷자락 날리*나요 나비님 나시나요
아침에 나시나요 나비님 피리 불며
무궁화 아침마당에 디잉 더덩
나비님

나비누 나비 – 새벽기도 · 2897

꼭
대
기
층에서만 파아란 별바다가
앉
느
라
층층이만 올라가 가슴 풀어
당
신
의
나비누 나비 속삭이고 앉는다

나비길 – 새벽기도 · 2898

말하라 길 열어서 꽃 무릇 얹어주면
찾아올 댓바람도 알 수가 있어져요
붉은 꽃 무릇 나비가 무리무리 앉네요

온몸을 여름밤에 뒤척여 얻어놓은
소낙비 한 여름을 둥글게 엮으라고
흙속에 꽃 무릇 나비 어눌하게 앉네요

꽃 무릇 붉은 길이 그대로 이른 봄에
잎이나 6-7월에 시들다 다시 또 핀
팔구월 꽃 무릇 나비 오른 꽃이 나네요

잎들이 갈 길 떠나 오로지 없어진 뒤
피느라 무릇 꽃이 나비라 밤 별들이
달아 논 꽃 무릇 나비 꽃이 한창 빛나요

솟느라 칭 칭 치잉 나비 나아네 – 새벽기도 · 2899

솟느라
나비 나네 솟아라 칭 칭 치잉
나아네 **나비** 나네
솟느라 **나비** 일며
쌓이어 솟느라 **나비** 솟은 날이
칭 칭칭
나아네
꽹가리 나아네 칭 칭 칭 **나비** 나아네 별들이 솟느라고
하늘의 별의 한 별 칭 칭 칭 나아네에
보름달 솟느라 **나비** 웃음 마냥
울리며
울리며
웃음으로 솟느라 꽃잎 날며
물줄기 별빛꽃잎 물줄기 꽃잎 날며
물줄기 솟느라 **나비** 햇빛꽃잎
솟느라

꽃방석 나비님 – 새벽기도 · 2900

꽃방석 **나비**님이 온 몸을 내게 돌려
고개를 돌려 드리 꽃방석 **나비** 꽃방
꽃바람 불어 올 때만 꽃 하나에 꽃방석
*나비*님

□ 부록

나비시학

1

이 영 지

1. 꽃과 나비

1).나비

(1). 나폴나폴 나비

산과 들에 꽃과 나비가 있다. 나폴나폴 날아다니는 나비에 활짝 웃는 꽃의 어울림이라는 공감대를 가진다. 나비! 몸통보다 날개가 엄청 커 그러고도 훨훨 잘 나는 몸짓! 우리에게 날고픔의 욕망을 대신해 꿈을 이루어 주는 대리만족을 준다. 나비란 존재는 내가 나비가 되기도 하고 또 꽃이 되기도 하기에 늘 우리에게 행복을 전해줄 것 같은 행복감을 선물한다.

(2). 나비의 어울림

나폴나폴 나비는 어울림[1]이 특징이다. 아름다운 산천,

1) 신사임당의 초충도의 나비가 참외나 수박과 함께 등장, '과질면면瓜瓞綿綿' 자손 번성을 이미지화한다. 고양이의 나비 희롱은 고양이 '묘'자가 어른노인 '모耄' 중국 '마오mao'와 같아 장수이미지, 돌과 나비는 오래 살고 싶음 이미지이다. 나비를 수壽, 돌

고요한 물가 그리고 바위에 잠시 쉬어가는 나비 그림! 그러기에 꽃 옆 나비 그 행복 이미지는 호접몽에서 찾아진다. 장자의 제물론에 나오는 호접몽胡蝶夢에서 도화·물화·화생道化·物化·化生이라 하였다. 나비와 사람은 분명이 구별되지만 하나인 물物이 다양하게 변한 것이 나비효과 행복이라는 점이다. 대궁이 난 꽃을 단 모습! 한 마리 나비모양 호접란胡蝶蘭이 있다. 호접몽1)이 있다.

장자는 제자를 불러 "예전에 나는 꿈에 나비가 되어 이리저리 원하는 곳으로 날아다녔지만, 자신임을 알지 못했다. 깨어나니 놀랍게도 나! 내가 꿈에 나비가 된 것인지·나비가 꿈에 내가 된 것인지 '물화物化' 유명한 장자의 내가 나비인지 나비가 나인지? 현실이 꿈인지 꿈이 현실인지? 신라시대 선덕여왕은 당나라 태종으로부터 모란 그림을 선물로 받았을 때 모란꽃에 나비가 날지 않는 그림을 보고 자신을 조롱하는 선물이라 여길 만큼 꽃과 나비는 단짝이다.

조선시대 장유張維 1587~1638는 "꽃가지를 꺾어 와 나비를 오게 한 시에 시에 화답하다"2)에서 나비를 여자, 꽃을 남

은 익수益壽 오래오래 사세요!

1) 장자 호접몽 제물론에 물 나비가 등장한다. 장수이미지로서이다. 호蝴는 중국 발음 '후(hu)'이다. '복福(fu)'이나 '부富(fu)'와 발음이 비슷하여 나비가 행복과 부유함이 된다. 접蝶은 중국 발음으로 '디(die)'로, 어르신 '기耆(die)'로 장수가 된 호접몽 '나비의 꿈 호접지몽 胡蝶之夢]' 昔者莊周爲胡蝶 然胡蝶也 自喩適志與 不知周也 俄然覺 則然周也 不知 周之夢爲胡蝶與 胡蝶之夢爲周與 周與胡蝶 則必有分矣 此之謂物化.

2) 戱和東陽折花引蝶之作.

자의미로 보고 나비가 꽃을 유혹하는 시로 시를 지었다.

시사랑 공자님은 꽃가지 사랑하여 風流公子愛花枝
손으로 향화香花 드니 나비가 절로 오네 手把穠香蝶自隨
웃음이 절로 일어난 유마거사維摩居士 방에는 堪笑維摩方丈裏
만다라 붙지 않아도 머리 온통 희구나 曼陀不着鬢如絲
– 장유 『계곡집谿谷集』 제33권 칠언 절구 이영지 역

꽃과 나비의 어울림은 늘 우리들의 노래나 시가 된다. 아직도 우리 곁에서 면면이 이어져 오는 '나비야 청산가자' 노랫말 가락이 있다. 인생의 삶을 청산 가는 길로 비유한 이 길을 가다가 날이 저물면 꽃에서 자고 가자한다. 만약 꽃이 푸대접하거든 잎에서라도 작고가자 한다. 이 아름다운 노래 가락은 여인의 품속에서 자고 싶다와 혹이라도 푸대접 하면 옆에서라도 자고 가자는 의미 확대다.

나비야 청산을 가자
호랑나비야 너도 가자
가다가 길 저물거든 꽃잎 속에서 자고 가자
꽃잎이 푸대접하거든 잎에서라도 자고 가자.

우리의 속담에 '꽃 본 나비 담 넘어가랴'도 있다. 사랑을 먹고 사는 사람의 인생길에서 갖는 꿀 맛 같은 단맛이미지를 시사한다. 또한 둘의 사랑이 깊어지면, 죽음을 무릅쓰고 불 속에 뛰어든다는 '꽃 본 나비 불을 헤아리랴' 속담도 있다. 꽃만 있으면 나폴 나폴 날아드는 나비! 이 나비들을 보면 누구나 모두 금방 행복해지는 마음을 어쩌

지 못한다. 눈앞에 아른거리는 나비를 바라보며 행복이 나에게 올 것 같은 막연한 기대감에 마음이 부푸는 반가움! 곧 나에게 행복이 찾아올 것 같은 마력의 나비! 금방 내가 꽃이 되는 기쁨이다.

2).성서의 나비

(1). 나비와 나비아

삶의 여정에서 삶을 꿈처럼 살아가게 하는 매혹적인 꽃과 나비! 세상을 아름다움으로 살아가게 하는 힘을 만들어 준 나비! 이 '나비'는 히브리어 **נביא**=나비아[1]이다. 어디든지 날아다니면서 하나님의 일을 전하는 선지자 나비아! 최초 선지자 아브라함은 우상의 우르 땅을 떠나 나비아가 된다.

이스라엘 땅의 브엘세바는 지질학상 게네브 지형의 나비 몸통모양[2]이다. 우연치고는 너무나 신학적인 이 곳을 아브라함은 암양 7마리로 산 후 이 곳에 단을 쌓고 하나님의 이름을 불렀다. 나비 몸통 모양 브엘세바는 원래 세바인데 우물과 관련된 곳으로 우리말 그대로 세바이다. 세어봐이다. 우리의 옛옛 선조들이 세계의 반을 차지하고 지금 쓰는 우리말을 사용했다면! 아브라함과 이삭과 야곱 모두 나비 몸통 모양 브엘세바에서 우물승리[3]를 한 것도!

---

1) **נָבִיא**(나비아 · 선지자, 신 13:4, 6; 겔 2:5).
2) Ibid, 20.
3) Joseph Campbel, *Myth to Live by*(New York: The Viking

이삭은 아브라함이 값 주고 산 땅에 우물[1]을 파고 또 다툼일 때도 우물[2]을 파러 온전히 떠나[3] 브엘세바에 단을 쌓았다. 그리고는 하나님 이름을 불렀다.

브엘세바 모양은 나비 몸통 모양에다가 양 옆 두 날개 남북의 폭이 24km, 동쪽에서 서쪽까지 길이 64km 날개를 단다. 나비 날개 모양이다. 브엘세바 나비모양의 땅은 겸손하여야 농사를 짓게 되는 땅[4]이다. 홍해 아카바만의 에일랏과 지중해의 라피아를 두루 잇는 약 1.3만 km 경계선을 가진 브엘세바는 서쪽 제외 지역은 산지이다. 강은 서쪽으로 흘러 지중해에 유입 · 강 나할 브엘세바와 강 나할 베솔을 가진 땅이다. 특히 이스라엘 백성 늘리는 법을 야곱은 나비모양 브엘세바의 우물곁에서 한다. 그 비법[5]은 양들로 하여금 늘 얼룩얼룩한 가지들을 보게 하여 얼룩진 양[6]을 낳는 기적을 낳는다. 양 늘리기의 연장선에 야곱의 12아들이 있다. 나비날개를 다는 일이다.

나비와 관련한 일은 영예의 모자 마 임[7] 바로 나의 임모자가 있다. 사마리아 여인은 야곱의 우물[8]에서 낮 12시에 물 길으러 왔다가 예수님을 만난다. 예수님은 남편

Press, 1972), 174.

1) רְחֹבוֹת(르호봇·우물, 창 26: 22).
2) 창 26: 20-21.
3) 창 26: 23.
4) 권혁승,『성경 지리』(서울: 서울신학 대학교, 2001), 352-253.
5) 창 30: 39, 41.
6) 창 30: 41-42.
7) מָצָאנוּ מָיִם(모짠누 마아임 · 우리가 우물을 얻었다, 창 26: 32).
8) 우리 조상 야곱이 이 우물을 우리에게 주셨고(요 4:12).

이 몇이냐 물으시며 네게 5남편이 있다 하신다. 신학적 이해로 구약의 아담 → 노아 → 아브라함 → 모세 → 다윗을 거친 구속사의 시적 비유다. 그리고 이어지는 → 예수 → 그리스도의 일곱 우물이 있는 곳에서 믿음의 생명수[1]를 먹고 사마리아 여인은 전도하러 마을로 들어간다. 구약 아담 → 노아 → 아브라함 → 모세 → 다윗을 지나 신약의 예수님 → 그리스도의 일곱 우물곁에서 구원의 길을 사마리아 여인은 걷는다.

(2). 나비와 시

나비가 이슬을 먹고 사는 아름다운 시가 있다.

> 찢어진벽지에죽어가는나비를본다이것은유계가연결되는비밀한통화구다 어느날거울가운데의수염에죽어가는나비를본다날개축처어진나비는입김에어리는가난한이슬을먹는다통화구를손바닥으로꼭막으면서내가죽으면앉았다가일어나드키나비도날라가리라이런말이결코새어나가지않게한다
>
> – 이 상 「오감도」 시제 10호」

이 이슬은 李箱(이 상) 시인의 시적화자 나비가 이슬을 먹고 살아난 이야기이다. 죽은 상태까지 갔으나 살아나는[2] 이야기이다. 나비가 이슬을 먹으면 죽음지경까지 갔더라도 다시 살아나는 나비![3] 일제의 상황에서 나라가 살게

---

1) 요 4:12.

2) 사 26: 19; 단 4: 15, 23,

3) 찢어진벽지에죽어가는나비를본다이것은幽界가連結되는秘密한通話口다 어느날거울가운데의鬚髥에죽어가는나비를본다날개

된 나비 비유이다. 생명 살리기의 시적 상상은 타임머신을 타고 하늘 열매[1] 이슬[2]로 산 나비는 지금도 곳곳에서 꽃에 날아든다. 이슬은 하늘에서 내리기에 하늘 열매[3]이다. 대한민국 여름의 아침이슬은 자고 일어나면 온 밭을 촉촉이 적셔 온 들에 하늘 질소비료 이슬이 내리어 나락이 자란다. 나비가 먹는 하늘이슬[4]은 하늘 보물 하늘이슬[5]이다. 믿음이 약한 기드온에게는 양털 한 뭉치에 이슬이 있게[6] 하시어 이스라엘을 구원하실 이가 하나님인줄 알게[7] 하시었다. 하늘이슬이 내리는 곳에 백합화가 핀다. 백합화 피는 곳에 나비가 있다. 새벽이슬은 청년[8]에 비유된다. 백합화 꽃과 나비가 먹는 이슬 · 헐몬의 이슬이 시온의 산 · 들에 내리는 하늘이슬![9] 청년에게 은혜[10]게 되게 밤새도록 머리 위에 얹히는[11] 보배 이슬을 나비는 먹으며 산다.

축처어진나비는입김에어리는가난한이슬을먹는다通話口를손바닥으로꼭막으면서내가죽으면 앉았다가일어나드키나비도날라가리라이런말이결코새어나가지않게한다 -이상 시『시제 10호』.

1) 창 27: 28.
2) 신 32: 2.
3) 창 27: 28.
4) 신 33: 28.
5) 삿 6: 39.
6) 삿 6: 37.
7) 삿 6: 37-40.
8) 시 110: 3.
9) 시 133: 3.
10) 잠 19: 12.
11) 아 5: 2.

2. 문헌의 나비

1).성서의 나비

(1). 문헌의 나비

나비 이름은 조선 중엽 1500년경 문헌에 있기 시작한다. 나비가 '나불나불' 나풀나풀! 나는 모습 따라 지어진 나비이름이다. 481년 두시언해에는 '나비' 또는 '나뵈'로, 1527년 훈몽자회에는 '나뵈', 숙종 때의 '시몽언해물명'에는 '남이', '나부' 또는 '나베', 날다의 뜻을 가진 납나ㅂ(.)에 접미사 ㅇ(.)ㅣ가 붙어 나불거리다 나부끼다 나붓거리다 나부끼듯 날아다니는 나비이다.

원숭이를 옛날에는 납이라고 불렀다. 원숭이띠를 잔나비 띠라 부른다. 나무사이를 날아다니듯 건너뛰는 잔나비! 넓다 할 때의 넙, 넓에서 찾아진다. 성경에는 마당발이라는 별명을 지닌 라합[1]이 바로 나비이름이다. 하나님의 사람들을 구해주고 예수 족보에 든 라합이다. 숫자로는 넷을 4 넷 알아봐=אַרְבָּעָה 알아봐 · 넷, τεσσαρες이다. 이 글자의 처

---

1) 수 6:25: 여호수아가 기생 라합과 그 아비와 가족과 그에게 속한 모든 것을 살렸으므로 그가 오늘날까지 이스라엘 중에 거하였으니 이는 여호수아가 여리고를 탐지하려고 보낸 사자를 숨겼음이라. 라합은 예수님의 족보 이어가는 은총의 여인이 되었다. 마1:5: 살몬은 라합에게서 보아스를 낳고... 룻기에 나오는 룻의 남편이 된 보아스가 바로 라합의 자녀이다. 라합은 기생이었으나 하나님의 아들을 보내시는 족보에 올라가는 사람이 되었다.

음 '아' 묵음을 빼면 넓다 넓어의 사방팔방 네 곳 넓다의 미이다. 네 번째=רְבִיעִי 레비이 · 넷째, ANOMS, forth, τεταρτή, τεταρτος, 창 1:19이다. 사방팔방 날아다니는 나비의미다.

이 나비 이름은 우리들의 익숙한 누이 · 누에 · 누비옷 · 누리에서 찾아진다. 그런데 이 '누'자가 다름 아닌 우리라는 이름의 차자음이다. 바로 נו 누! 모음 발음 부호를 안 붙이면 누브이다. 한국어의 사투리로 누이를 누부라고도 한다. 그런데 이 뜻이 바로 우리이다. 그토록 많은 성경 언어에서 'נו=누'로 발음한 우리이다. 그래서 우리라는 발음이 우리에게는 늘 쓰인다. 그토록 좋아하는 우리민족이 밤낮없이 부르는 '우리' 바로 성경에서는 우리 · 우리 · 우리라고 세 번을 반복! '깨어나라 깨어나라 깨어나라! 번역된 일어나라이다. 우리들은 누구나 절망 혹은 잠자고 있는 자를 일어나라 깨우며 응집되어 일어난 민족이다. 꽃과 나비의 단순한 이름이 아니라 시적 비유는 일어나 · 일내 · 일어나 우리 대한민국이여 일어나 나비처럼 훨훨 날아서!

(2). 나비이름유래

'나비박사' 석주명이 나비이름 유래를 밝히기도 했지만 어원학적으로 보면 우리이고 바로 일어나 나는 우리민족 비유다. 헤아릴 수 없는 오래전 전부터 우리들이 사용해 온 나비이다. 나비전문분야의 이대박물관 자연사 장용준[1]은 나비목Lepidoptera 분류 날개 2쌍, 앞 뒷날개 두께가 같으

1) 장용준(이화여대 자연사박물관 대표).

며 비늘이 덮여있다 했다. 인시목이나 인시류라 불리는 나비의 날개는 비늘[인분]로 신비할 정도로 아름다운 나비 몸체를 만든다. 나비의 정체는 약 3000만 년 전의 흔적이 있고 현화식물로서의 약 9000만 년 전[백악기 후반]으로 파악된다는 15000만년 – 2억 년 전 학계 이론[1)]이다.

석주명[2)]의「조선구장 지방산 접류 목록」발표[1932]이전 조복성의 논문「울릉도산 인시목」[3)]과 도이 · 모리와 공동『원색 조선의 접류』[4)]천연색 도감이 있다. 한국 나비는 5과로 분류 호랑나비과 · 흰나비과 · 부전나비과 · 네발나비과 · 팔랑나비과이다. 이 중에서 호랑나비 과에 긴

---

1) 북한은 나방이라 하지 않고 나비는 낮 나비 나방은 밤 나비라고 부른다. 나방은 나비보다 20배 이상 종류가 많다. 200000종이 세계에 있다. 나비는 이의 10%인 약 20000종으로 알려짐. 우리나라에서는 나비 256종(남한199종) 나방은 약 3000종이다.

2) 석주명(1908-1950)『나비채집 20년의 회고록』(신양사, 1992- 미발표 단편들과 신문, 학회지에 발표된 단편과 국내외 학자들의 고인에 대한 인물평 등).『한국본위 세계박물학 연표』(신양사, 1992- 인류출현 때부터 1950년까지 자연과학 위주로 한 세계박물학적 대 사건을 선별, 연대별로 기록하고 우리나라와 비교, 고인의 동생 주선씨(81·단국대 민속박물관장)에 의해발표됨. [출처: 중앙일보].): 석주명은『제주도수필』(68년)을 시작으로『제주도 자료집』(69년),『제주도 곤충상』(69년),『한국산 접류의 연구』(72년),『한국산 접류 분포도』(73년) 등 모두 8권으로 정리된 것.『나비채집…』『한국본위…』끝으로 총8권.

3) 조성복『조선박물학회 잡지』1929).

4) 조성복·도이. 모리 공저『원색 조선의 접류』1934, 12), 271종으로 알려진 조선산 나비 중에서 211종에 대한 284장의 천연색 도판 한국 초유 도감.『원색 조선의 접류』와『한국 동물 도감 I 나비류』의 원색 나비 그림. 조선산 나비는 1882년 영국인 버틀러가 15종의 조선산 나비 논문이 처음이다. 50여 년 후 1929년 조복성이 등장. 석주명의『조선 접류의 연구 I』와 1940년의 A Synonymic List-발간, 후 백갑용 이희태(석주명 조수) 우종인(석주명 조수) 왕호(석주명 조수) 이철순 김장희 등 활약.

꼬리제비나비 · 꼬리명주나비 · 모시나비 · 붉은점모시나비 · 사향제비나비 · 산제비나비 · 산호랑나비 · 애호랑나비 · 제비나비 · 청띠제비나비 · 호랑나비 등이 있다. 흰나비 과에는 각시멧노랑나비 · 갈구리 나비 · 극남노랑나비 · 기생나비 · 남방노랑나비 · 노랑나비 · 대만흰나비 · 멧노랑나비 · 배추흰나비 · 줄흰나비 · 풀흰나비 · 큰줄흰나비 · 흰나비 등이 있다. 부전나비 과에는 까마귀부전나비 · 꼬마까마귀부전나비 · 귤빛부전나비 · 극남방부전나비 · 긴꼬리부전나비 · 남방부전나비 · 담흑부전나비 · 담색긴꼬리부전나비 · 바둑돌부전나비 · 범부전나비 · 벚나무까마귀부전나비 · 부전나비 · 북방쇠빛 부전나비 · 산녹색 부전나비 · 쌍꼬리 부전나비 · 암 붉은 점 녹색부전나비 · 암 먹 전 부전나비 · 작은주홍부전나비 · 작은홍띠 점박이 · 푸른 부전나비 · 참 까마귀 부전나비 · 푸른부전나비 · 붉은 띠 귤 빛 부전나비 · 쇠빛 부전나비 · 큰 점박이 푸른 부전나비 · 큰 주홍부전나비 등이 있다.

네발 나비 과에는 가락지나비 · 갈구리 신선나비 · 거꾸로여덟팔나비 · 공작나비 · 굴 뚝 나비 · 굵은줄나비 · 금빛어리표범나비 · 긴 은점표범나비 · 높은 산 세줄나비 · 네발나비 · 대왕나비 · 도시처녀나비 · 들신선나비 · 먹그늘나비 · 먹그림나비 · 물결나비 · 봄처녀나비 · 별박이세줄나비 · 뱀눈그늘나비 · 부처나비 · 부처사촌나비 · 북방 암 끝 검은 표범나비 · 뿔나비 · 산은줄표범나비 · 석물결나비 · 알락그늘나비 · 암검은표범나비 · 암어리표범나비 · 애기세줄나비 · 애물결나비 · 외눈이 지옥사촌나비

· 유리창나비 · 은판나비 · 은점표범나비 · 왕그늘나비 · 왕나비 · 어리세줄나비 · 오색나비 · 작은 은점 선 표범나비 · 제일줄나비 · 흰뱀눈나비 · 재주나비 · 줄나비 · 작은멋쟁이나비 · 참줄나비 · 칠 점 나비 · 청띠신선나비 · 청띠신선나비 · 큰멋쟁이나비 · 큰 은점선 표범나비 · 큰 흰줄 표범나비 · 큰표범나비 · 표범나비 · 흑백알락나비 · 홍점알락나비 · 홍줄나비 · 황 알락그늘나비 · 황 알락나비 · 황오색나비 · 흰뱀눈나비 · 흰줄 표범나비 등이 있다. 팔랑나비과에는 꼬마팔랑 나비 · 독수리팔랑나비 · 돈무늬 팔랑 나비 · 멧 팔랑 나비 · 산줄점팔랑나비 · 수풀알락 팔랑 나비 · 수풀 꼬마 팔랑 나비 · 왕자 팔락 나비 · 왕 팔락 나비 · 유리창 팔랑 나비 · 유리창 들썩 팔랑나비 · 줄꼬마팔랑나비 · 줄점팔랑나비 · 지리산팔랑나비 · 참 알락 팔랑 나비 · 파리팔랑나비 · 팔랑 나비 · 흰점팔랑나비 · 황알락 팔랑 나비 등이 있다.

(2). 나비연구

나비의 최초 기록은 『조선왕조실록』에 광해군 9년1671 함경도 갑산에 흰나비가 무리를 지어 긴 뱀과 같은 모양을 하고 남쪽으로 날아가기에 사흘이나 하늘을 가렸고 북청에서도 흰나비 무리가 이틀 동안 하늘을 덮어 남쪽 해변으로 날아가 남병사 현 읍이 조정에 보고되었다 한다.

남계우[1]의 국립중앙박물관소장 화접도가 있다.

---

1) 1811(순조 11)~1888(고종 25).조선 말기의 화가. 조선시대 나비그림의 제1인자 사실적이면서 장식성이 강한 화풍. 나비를 특히 잘

삼성미술관 리움 소장「꽃과 나비」화접도이다. 남 나비란 별명이 붙은 남계우南啓宇 1811~1890가 나비를 10 리나 따라다니며 그린 사실화풍 평면도이다. 나비학자 석주명은 이 그림을 보고 38종의 나비 종류뿐만 아니라 자웅 · 발생 계절까지 밝혔다. 석주명은 나비에 대한 최초 논문 1932「배추흰나비의 날개 길이 변이」1936 · 「굴뚝나비의 뱀눈무늬 변이」1937등 논문 70여 편을 발표한다. 모두 총 179편의 논문에 51종이 추가되어 조선산 나비는 234종

그려 남나비[南蝶]라고 불렸다. 나비와 꽃·바위는 나비가 날아다니는 모습, 꽃에 앉은 모습 등 곤충표본의 정확, 나비 · 모란·나리·패랭이·국화꽃과 고양이 등. 자신의 화제(畵題)로써 화폭의 윗부분 장식 〈군접도群蝶圖〉 · 〈화접도대련 花蝶圖對聯〉 · 〈화접묘도 花蝶猫圖〉 · 〈석화접도대련 石花蝶圖對聯〉 등.

이 드러난다. 석주명 논문 정리 시기[1940~1950]에 스키타니의 「A Synonymic List-」[1940] 조선산 나비를 238종으로 75만 마리에 달하는 연구 자료를 분류한다. 버틀러는 조선에서 조선산 나비 15종의 학명을 발표(1882- 1901년 논문 9편 발표 조선산 나비 123종을 학계에 보고 · 픽센은 헬츠의 채집품 정리「Lepidoptera aus Korea」[1887]란 논문 1편에 조선산 나비를 93종 보고 · 리치는「Butterflies from China Japan and Corea」[1893~4 lONDON], 8년간 수집 연구 본문이 662페이지 원색 도판이 43페이지에 650종 나비와 종마다 원기재와 당시 문헌 열거 · 조복성의 『원색 조선산 접류』1)와「울릉도산 인시목」2)이 있다.

나비목은 봄 형 · 여름 형 · 가을 형으로 나눈다. 계절에 따라 날개 색이나 모양 크기가 다르다. 봄 형은 가을 형 보다 작은 편이다. 암컷과 수컷들의 아름다운 이야기는 교미가 끝난 후에 수컷이 암컷의 배 끝을 덮는 수컷의 분비물로 덮는다. 암컷이 교미가 불가능하게 된다는 신비한 모시나비 류 애호랑나비 등이다. 날개 모양이나 색 무늬 등 암수구별이 쉽게 이루어지는 것에 꼬리명주나비도 있다. 그렇지 않을 경우에는 배의 모양이나 배 끝 부분의 모양으로 구별 된다. 암컷은 배가 길이에 비해 굵고 수컷은 길이에 비해 가늘다. 수컷은 짝짓기 할 때 암컷과의

---

1) 조복성, 『원색 조선산 접류』(대판옥호서점, 1934)..
2) 조복성,「울릉도산 인시목(鬱陵島産鱗翅目』《원색 조선의 접류(原色 朝鮮の蝶類)(1934) 조흰뱀눈나비, 조복성박쥐(황금박쥐) 등 4종.

접착을 확실하게 하려 파악기가 양쪽으로 벌어지나 암컷은 이것이 없다.

나비의 추운 겨울 지나기는 다음과 같다.

성충으로 월동 : 네발나비 · 뿔나비 등
번데기로 월동 : 애호랑나비 · 꼬리명주나비 · 사향제비나비
산호랑나비 · 긴꼬리제비 · 남방제비
제비나비 · 산제비나비 · 청띠제비나비
노랑나비 · 배추흰나비
유충으로 월동 : 왕오색나비 · 홍점알락나비 등
알로 월동 : 모시나비 · 붉은 점 모시(1령) 등

꽃과 나비의 긴밀성은 나비로 인하여서만 흡밀 식물이 알려지는 일이다. 성충이 먹이로 꽃 꿀을 빨아먹은 색 냄새 꿀의 분비시간에 의해 입에서 실을 토해 번데기 중간을 둘러쳐 물체에 고정하는 네발 나비 과 들이 복부 끝을 물체에 고정한 후 머리 부분을 밑으로 해서이다. 번데기가 나비로 되는 변태과정 우화=날개돋이는 부전 나비과 나비 · 제비나비류의 수컷의 점유행동 · 표범나비류는 7월 말경에서 8월 중순까지 그늘에서 쉰여름잠다.

3. 나비의 몸

나비는 비늘가루로 덮여 머리 · 가슴 · 배 세 부분이다. 유충은 3번 - 16번 - 보통 5번 정도 허물을 벗는다. 머리의 더듬이는 많은 마디로 된 한 쌍이다. 정수리에서 나

와 자유로이 움직이며 냄새 맡는다.

정용산이 제공한 나비 몸은 털 또 직선상으로 뻗은 나비 · 활모양 호랑나비 · 더듬이 끝이 곤봉모양으로 부푸는 팔랑나비 · 부풀었다가 다시 가늘어진 팔랑나비 등이다. 나비 겹눈은 한 쌍의 반구형 · 육각형으로 된 낱눈으로 호랑나비 수컷은 18200개 암컷은 15300개이다.

● 각 부분 명칭을 클릭 하면 확대 이미지와 설명을 볼수 있습니다.

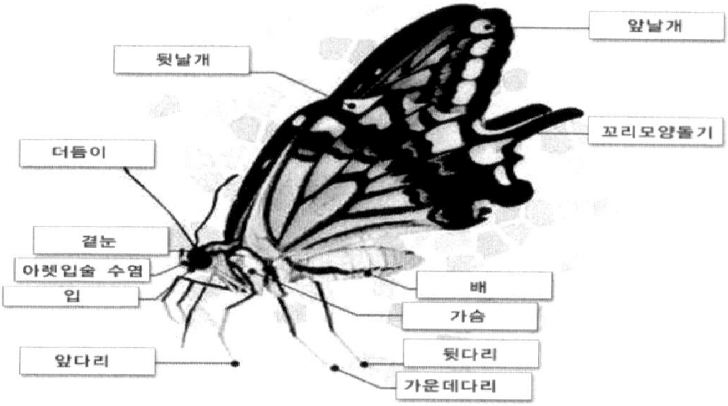

다음은 나비 머리와 날개이다. 입이 용수철모양으로 말려 꽃꿀을 빨아먹을 때 빨대모양으로 길게 뻗는다. 아랫입술수염은 3마디로 되어 입을 양쪽에서 싼 이 모양이나 길이에 따라 나비 분류기준이 정해진다. 가슴은 앞가슴 가운데가슴 뒷가슴이 있다. 배 쪽에서 각각 한 쌍의 앞다리 가운뎃다리 뒷다리로 물건을 잡거나 걷는다. 앞다리 끝은 미각 부분 가운데가슴과 뒷가슴에는 각각 앞날개와

뒷날개가 달려 무늬로 형태분류기준이 된다.

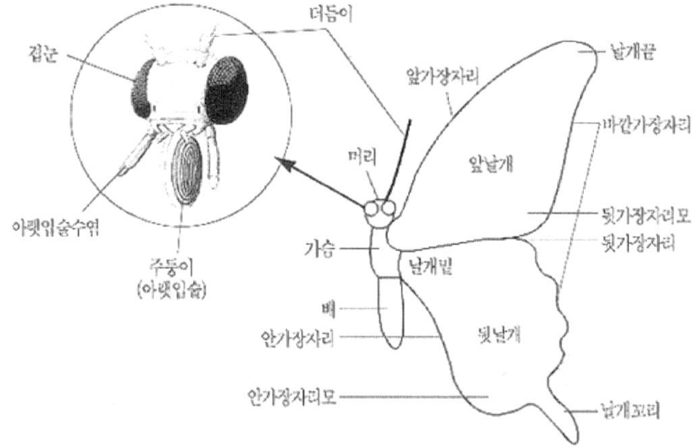

앞날개 기부의 어깨판의 작은 각질의 비늘조각이 있다. 날 때 날개를 누르는 용수철판과 같은 구실과 날개의 관절을 보호 앞가슴 등 쪽에 목판patagium)이라는 작은 골편이 한 쌍이 있다.

날개에는 기왓장모양 색채와 무늬를 이루는 비늘가루로 몸을 보호 · 비늘가루 가운데의 발 향린이라는 기관의 끝의 털 부분에서 독특한 내음을 낸다. 수컷의 날개 윗면에 고루 퍼져 있거나 한곳에 집중 아름다운 무늬 구별로 나비 분류가 된다. 암컷에는 없다. 날개에는 날개 받치는 시맥이 있다.

배는 앞에서 시작 제 1~10마디가 있다. 제 8 9 10마디에서 변형되어 생식기를 이룬다. 마디와 마디는 막으로 이어지고 제 1-7배마디의 막부분에 기문이 열린 호흡구가 있다. 변태는 알 → 유충 → 번데기 → 어른벌레가 된다.

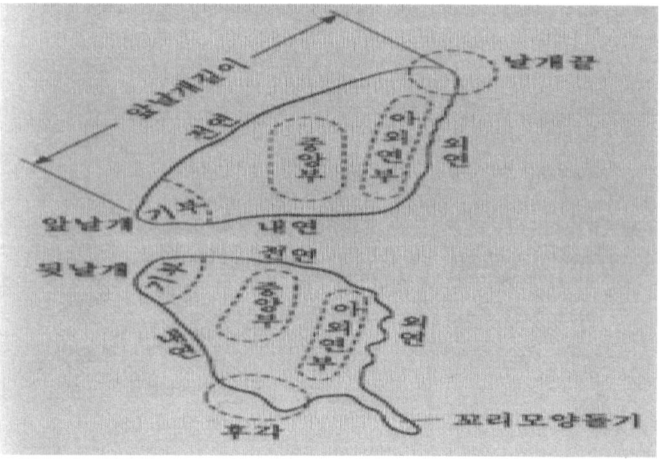

나비류의 호랑나비 과는 아주 크고 아름답다. 열대에 많아 600여 종 중 구북구에 70종 북아메리카에 30종이 분포된다. 날개가 대형이다. 미상돌기를 갖는 것도 있다. 모시나비아과의 모시나비 류는 날개가 반투명하고 비늘가루가 적으며 시맥이나 변태가 다른 종류와 다르다. 세계에 600여종이 기록, 우리나라에는 모시나비아과에 4종 호랑나비아과에 8종이 있다.

호랑나비 1

호랑나비2

알은 공 모양 · 겉면은 매끄럽다. 대개 유백색이지만 주황색인 것도 있다. 암컷은 식수의 잎에 한 개씩 산란하나 애호랑나비와 꼬리명주나비는 여러 개씩 낳는다. 사향제비나비(암) 애벌레 몸은 긴 원통형이나 종에 다라 모양이 다양. 대개 몸에 돌기가 없지만 사향제비나비와 꼬리명주나비의 애벌레는 있다. 자극을 받을 땐 악취로 몸 보호 · 번데기는 모시나비 등을 제외하면 대부분 식수의 줄기에 붙는다. 대개 머리에는 한 쌍의 두각이 있다.

흰 나비과 대부분은 중간 모습을 지닌다. 백색 · 황색 · 등 황색 중 어느 하나로 검은 무늬가 있다. 발톱은 갈라지거나 이빨돌기가 있고 유충은 매우 가늘고 길다. 몸마디는 다시 작은 고리마디로 나누어진다. 털이 있으나 눈에 띄지 않는다. 세계적으로는 1200여종, 우리나라에는 기생나비아과 2종 노랑나비아과 5종 흰나비아과 7종으로 모두 14종이 있다.

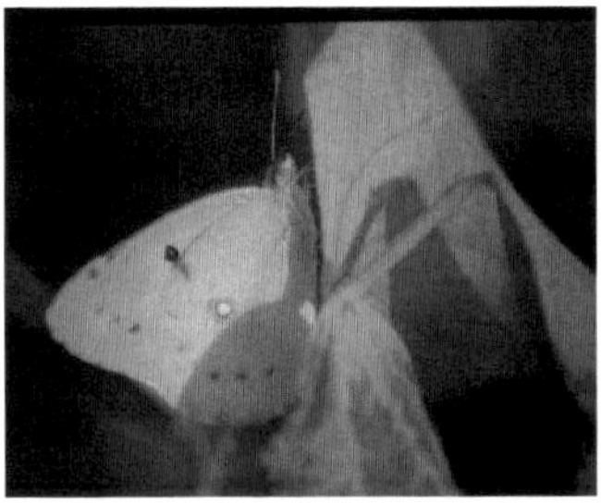

노랑나비

노랑나비 알은 길쭉한 방추형 · 세로로 줄무늬 · 대부분 유백색이나 주황색인 종류도 있다. 암컷은 식초의 잎

윗면에 한 개씩 낳는다. 애벌레는 가늘고 길쭉하다. 돌기가 없다. 녹색모양이다. 대부분 단독생활을 하지만 상제나비 애벌레는 토해 낸 실로 잎을 엮어 그 속에서 같이 산다. 번데기는 식초의 줄기나 주변의 풀등에서 용화하며 대용이다. 두부는 길고 뾰족하다. 긴 뿔처럼 보인다. 갈색 녹색 황색이 있다.

부전나비 과는 작은 모양이 많다. 청남색 · 구릿빛의 금속 광택 나는 윗면을 가진다. 뒷날개에는 가는 미상 돌기가 있다. 더듬이에 흰 고리무늬가 있다. 눈 주변 흰 비늘가루가 있다. 수컷은 습기 있는 땅에 잘 앉는다. 세계적으로 6000여종! 우리나라에는 바둑돌부전나비아과 1종 · 녹색부전나비아과 35종 · 주홍부전나비아과 2종 부전나비아과 18종 모두 56종이 분포된다. 알은 공 모양이다. 표면에 규칙적인 돌기=그물눈모양이 있다. 유백색이다. 암컷은 식초의 잎이나 잎눈 주변의 틈에 한 개나 여러 개씩 알을 낳는다. 애벌레는 납작한 해삼모양이고 밀선이 있어 주위에 개미가 모여든다. 고운 점박이 푸른부전나비 등은 개미와 공생 · 주로 식수의 잎을 먹지만 잎눈이나 꽃눈 속을 파먹는 것도 있다. 번데기는 식수의 줄기와 잎 또는 낙엽에 납작하게 붙어서 용화하며 대용이나 실로 몸을 둘러치지 않는다. 담 흑 부전나비 등은 개미와 공생, 개미집에서 용화한다.

네발 나비과는 중 · 대형의 나비로 크기가 다양 · 앞다리 한 쌍이 퇴화된 공통 특징 때문에 이전에 뿔나비과 · 왕나비과 · 뱀눈나비과 · 네발나비의아과이다.

담색긴꼬리부전나비

남방부전나비

꽃에 많이 모이고 오물이나 습기 있는 땅에 잘 앉는다. 세계에 약 6000여종이 알려져 있다. 한국은 91종을 기록한다. 알은 구형이나 원통형이고 세로로 줄무늬, 식초의 잎 · 가지 잎눈 등에 한 개나 여러 개씩 산란한다. 애벌레는 원통형으로 털이나 돌기가 있는 종류다. 머리에 한 쌍의 두각을 가진다.

뿔나비 번데기는 식수의 줄기 잎 주위의 물체에 용화 여러 모양 돌기가 있다. 표범 나비류의 돌기는 금속성 광택, 큰줄흰나비는 뿔나비아과로 작은 모양을 이룬다.

뿔나비

큰 줄 흰나비

뿔나비2

남아메리카에 많고 한국은 뿔나비 1종이 있다. 아랫입술 수염이 길게 뻗어 나와 있다. 유충은 배추벌레 형 해삼 형 등이 있다. 번데기는 짧다. 한국에 1종 · 성충으로 월동하여 봄에 가장 먼저 볼 수 있다. 왕 나비아과는 중간모형과 아주 큰 형태 · 따뜻한 지방에 많다. 검은색 · 등황색 · 백색 등의 얼룩무늬의 아름다운 모양이다. 더듬이 끝이 약간 부풀어 있다. 고약한 냄새로 보호하는 수컷에는 발 향린이나 털의 다발 등 2차군 · 암컷은 앞다리 발목마디가 변형 · 넓은 날개로 멀리까지 가는 한국에 왕나비 1종만 있다.

황세줄 나비

네발나비아과는 중간형태 종류가 많다. 무늬 색채가 선명하고 아름답다. 날개 외연에 요철이 심한 것이 적지 않다. 수컷은 앞다리 발목마디로 감각을 느낀다. 유충은 원통형으로 가시돌기가 있거나 앞뒤에 긴 돌기가 있다. 번데기는 흔히 혹이 있거나 모가 난 것이 많으며 수용이다. 줄 나비 류 · 표범나비 류 오색나비 류 기타 모양으로 나뉜다.

담색어리표범나비

은판나비

유리창나비

왕자 팔랑 나비

애 물결나비

뱀눈나비아과는 중간 형태에서 소형으로 갈색 계통의 어두운 색의 종류다. 눈알모양 무늬나 고리무늬를 가진다. 숲 속의 그늘 진 곳 · 유충은 방추형 · 털 짧고 머리 쌍뿔 모양이다. 팔랑나비과는 몸은 굵지만 작은 모항이다. 더듬이는 밑뿌리가 좌우로 떨어지고 끝이 완만하게 부풀며 갈고리모양을 한다. 수컷들은 습한 땅이나 오물에 잘 앉는다. 세계에 약 3000여종이 알려져 있다. 한국에 수리팔랑 나비아과 3종 · 흰점팔랑나비아과 6종 · 팔랑 나비아과 17종으로 모두 26종이 분포 · 몸이 날개에 비하여 크다. 날 때 일정한 형태 없이 난다. 알은 공 모양이지만 밑면은 납작하다. 여러 줄 무늬가 세로로 유백색이나 붉은 색인 것도 있다. 식초의 잎에 한 개씩 산란 · 애벌레는 대개 돌기가 없는 원통형이며 밋밋하게 보인다. 대부분이 잎을 잘라 토해낸 실로 붙여 집을 만들고 그 속에서 생활하며 자란다. 번데기는 길쭉하다. 가는 원통형으로 머리에 뾰족한 돌기가 있는 종이 있다. 색은 갈색이거나 녹색이며 흰 가루로 덮여있는 종류도 있다.

향기를 내는 사향제비나비 수컷에서는 강한 사향 냄새

가 난다. 이 냄새는 뒷날개에 안쪽 접혀진 부분의 털 모양의 긴 날개비늘에서 방출된다.

4. 향기의 비밀

1). 사향제비나비 향기의 비밀

강한 꽃향기를 내는 linalool과 불쾌한 냄새를 내는 n-heptanal이 포함된 4종류가 있다.

수컷 강원 쌍룡　암컷 강원 쌍룡 암컷　경북 비슬산

aldehydes 청향을 내는 phenylacetaldehyde 히아신스 향기를 내는 2-phenylpropanal 레몬향을 내는 methylheptanone 쓴맛이 나는 열매에서 발견되는 benzaldehyde과 같은 다양한 방향성 화학물질이 분비[1]향이다.

이 화학물질 중에 benzaldehyde은 개미와 벌 딱정벌레

1) Honda K. 1983.

노래기와 같은 많은 절지동물에서 방어 물질이 자주 사용된 방어 기능이다.[1]

2). 나비 - 날개 밑 부력으로 비행

나비의 비행의 비밀을 영국 케임브리지대 동물학자인 찰스 엘링턴은 나비 비행 신비의 논문에서 항공기 비행원리와는 전혀 딴판의 메커니즘으로 난다 했다. '공기기둥' 형성설 · 나비의 날개 짓이 양 날개 바로 아래에 실린더 같은 공기기둥을 만들어냄으로써 부력을 얻을 수 있다 했다. 보통 항공기는 주로 날개위에 형성되는 와류(渦流)효과로 날개위쪽의 공기속도가 아래쪽보다 더 빨라 날개 윗부분의 기압이 낮아져 날게 된다. 나비나 비행기나 부력을 얻어 나는 것은 똑같다. 그러나 나비는 날개 아래쪽에서 부력을 얻는 것이 비행기와 다르다는 것이다. 이른바 공기기둥비행 설이다. 박각시나방류의 매나방 · 10㎝ 남짓의 날개를 가진 이 나방은 마치 '슬로 모션'처럼 천천히 날개 짓을 한다. 나방의 날개 밑에 공기기둥이 생기는 이치이다. 미국 듀크대 스티븐 보겔박사는 이번 연구가 나방·나비뿐만 아니라 대부분의 곤충 비행을 설명해줄 수 있는 일이라 했다. 왜 나비들이 바람을 헤치며 비행하는지의 비밀이다.[2]

---

1) Honda K.(1983). Odor of a papilionid butterfly. J. Chem. Ecol. 6: 867-869.

2) 원색한국나방도감. 신유항. 아카데미서적 2001; 원색한국나비

오늘날도 여전히 시인들은 나비의 신비와 향기를 시의 소재로 삼는다. 꽃과 나비! 나비가 눈앞에서 하늘하늘 날면 아름다운 마음이 내 마음에 일어나 날고파진다. 항상 꽃과 함께 있으면 향기를 품어 내어 내가 나비가 되는 향기여인이 된다. 시인은 꽃과 나비가 함께 있으면 나비에게 더 눈이 가는 묘한 매력을 지닌 나비다. 우리나라 사람에 접근하면 누이이다. 사랑받는 뉘, 누이, 온 누리 누비 누비며 다니는 우리 누이이자 바로 나이다. 우리 우리 우리[1] 일어나자! 우리와 나비와의 연진법 '누'[(נְ · 누) (נוּ · 누)]리 바로 우리 온 누리의 우리 일어나는 나비가 꽃에 앉는다. 만남이다. 사랑이 이루어지리라는 마음에서 내가 나비가 되게 하는 마음 끌림! 나비! 내 앞에서 나비가 날면 나는 금 새 나도 나비가 되어 훨훨 난다. 나비가 하늘을 팔랑팔랑 나비 중에 나비 호랑나비 하늘을 난다.

좋은 일 우리에게 나비가 나풀나풀 새벽이 닥아 오고 아침이 오면 일어나 만날 나비 온 누리가 시가 된다.

나비가 꽃 만나려 난다. 나풀나풀 매일 나비로 시를 쓰고 선지자 시로 누이로 우리로 온 누리의 시를 쓴다. 시인이 꽃 만나려 날기 시작한다. 아침 해 꽃을 만나려 훨훨 난다. 예쁜 꽃잎에 앉는다. 작고 아주 작고 아주 쪼그만 꽃에 앉는다. 아주 아아주 조그만 꽃에, 아주 아아주

도감. 김용식. 교학사 2002; 원색한국곤충도감(나비편) 신유항. 아카데미서적 1989.; 출처: http://guamcafe.tistory.com/3782 [구암카페]; 1996. 12. 26 과학 / 중앙일보.

1) **עוּרִי...עוּרִי...עוּרִי...עוּרִי**(우리 우리....우리 우리 · 깰찌어다 깰찌어다...깰찌어다 깰찌어다, 삿 5: 12).

커다란 꽃에 앉는다. 온 날 행복이 앉고 일어서면 누이가 행복하다. 우리가 행복하다. 나비가 해를 만나 앉고 일어선다. 나비가 해를 만나 앉고 일어선다.

어머머 나비천국 그리움 들여놔라
숨죽여 나비천국 나비가 나에게로
나래로 돋아 나와요 나비천국 누이야

– 이영지 「나비천국」

이 논문의 매체는 나비박물관과 한국나비도감 참고하였다.

□ 저자 약력

문학박사 · 철학박사 · 시인 · 시조시인

저서: 『시조문예 미학』 2001 『한국시조문학론』 1986 『한국시조시학 연구』 2017
『이상 시 연구』 1989 1997 『이상시학 연구』 2017 『시조 창작 리듬론』 1997
『한국 시조 창작 리듬 연구』 2017 『물에 대한 신학과 문학의 비교연구』 2008
『물의 신학과 문학』 2013 『물의 신학과 물의 시학』 2017
『홍문표 에덴시학연구』 2019 『한국시조 문예미학 연구』 2020

시조집: 『하오의 벨소리』 1989 『행복의 순위』 1997 『행복행 내님네」 1998
『일곱 금촛대 위에 행복』 1999 『행복보라』 2000 『두 천년을 사는 행복』 2001
『키스하지 않은 결혼의 행복』 2002 『하나님의 행복한 연출』 2007
『행복의 물을 먹으며, 사랑으로』 2008 『사랑이랑행복 이랑』 2015
『사랑비비행복』 2015 『알았아와요 이브』 2016 『장미와 앵두』 2017
『나비누이시학』 2022

전자시집: 『행복함에든사랑받으세요』 2013
『행복코를맞대고사랑우산을쓰면』 2011 『행복잔찰랑사랑찰랑』 2013
『드림행복』 2013 『햇살보쌈』 2013 『사랑너는』 2014 『사랑비비』 2014
『첫사랑이』 2016 『알았아와요이브』 2016 『사랑사과』 2016
『사랑일기 포오란 사랑두께』 2016 『행복들이』 2021 『행복 콩』 2021
『행복 몸이 숨쉬는』 2021 『행복만나』 2021 『꽃길전화』 2021
『복숭아 꽃덩이』 2022 『행복한 별아 모이라』 2022 『아가야 우리는』 2022
『사랑밀물 행복밀물』 2022 『잉어이엉』 2022

전자저서: 『물은생명이다의 문학과 신학의 비교』 2012
『한국인이 복을 받는 이유는 따로 있다』 2012
『이상시 오감도의 구조와 상징』 2013 『개정판 이상시학 연구』 2020
『한국시조작품창작리듬연구』 2020 『우리 시조문학의 마방진 미학』 2022

전자 책 발간 후 종이책
『알았아와요 이브』 2017 『복숭아 꽃덩이』 2021
『우리 시조문학의 마방진 미학』 2022

전자 수필집: 『행복에 대하여』 2016 『추석선물』 2016

학위 논문: 문학박사- 「오감도의 구조와 상징에 관한 연구」 1986
철학박사: 「물의 초월성과 현실성과 회복성에 관한 연구」
-사랑의 U리듬을 중심으로」 2007

이영지 시집
나비누이시학

2022년 9월 15일 초판 발행
저 자 이 영 지
발행인 신 용 호
발행처 창조문학사:
서울 서대문구 홍은동 397-26 동천아카데미 5층
등록번호 제1-263호 전화 374-9011 팩스 374-5217
공급처: 한국출판협동조합 716-5616-9

ISBN 89-7734-796-0 공급처: 창조문학 10.000원